黃獎 – 香港作家／畫家。

2017 年，憑《潮讀 4000 年》獲「香港出版雙年獎」

2021 年，獲南華早報「香港精神獎 – 文化貢獻獎」。

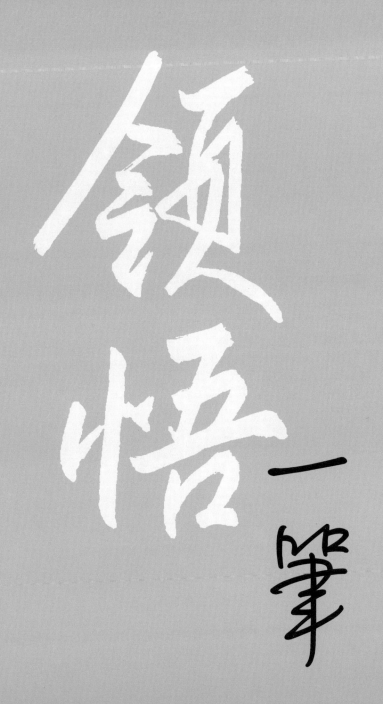

領悟一筆

序

Preface

嘉賓 - 序

用「博古通今」來形容黃獎絕不為過，初結緣時，已驚訝他對美漫歷史之淵博，其後更覺其文采出眾，在推動文化事業竭盡所能。把「匠人精神」發揮極致，除工作外，對朋友也是情義兩存。

今次黃獎的「一筆畫」著實令人喜出望外，簡潔有力，神韻兼備。加上內文字字珠璣，饒有深意，值得收藏推介。

葉偉青 -《香港重機》

序
Preface

嘉賓 - 序

　　認識黃獎，大部分公眾朋友都是因為他的聲音節目，他的評論，他的文章。

　　少數人知道他會畫畫，畫畫和所有藝術一樣，技術是基礎，創造出一套獨特性個人風格才是重點，每一個藝術家都在尋覓，有人一生追尋不果，有人與生俱來，因人而異；數月前看到黃獎發表第一張「一線繪」，覺得他找到了，接下來看見一張一張發表，更加確認屬於黃獎的「一線繪」誕生了。

　　為我的朋友高興。

曹志豪 - 多媒體創作人

作者自序

　　小時候，老爸帶我看 差利卓別靈 的《摩登時代》電影，我嚷著要吃爆谷，老爸說：「看電影不要分心，真正懂得欣賞的，享受是『一』，不要『二』。」我馬上答：「對呀，難得享受，當然要『一流』的。」老爸大笑，結果，那一場電影，有爆谷助慶！

　　過了兩年，電視播出鄭少秋呂有慧版的《三笑》，老爸教我用「一筆書」，寫唐伯虎的「虎」字，我沒有學懂，他也沒勉強，只是說：「你現在看過，記下來，將來就會懂了。」

又過了許多年，我忽然喜歡書法，真的寫了幾個「一筆書」，老爸看了後說：「也不遲，但可以試些不同的變化嗎？」

　　到了今天，「一筆書」變成了「一筆畫」，最先畫的是 差利卓別靈。

黃　獎

人生讓我領悟的事 目錄

Matters That Inspire My Life

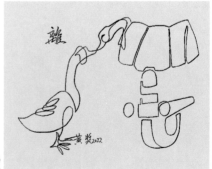

P24

P26

P28

P30

P32

大師讓我領悟的事　目錄

What I Learn From The Masters

P58

P60

P62

P64

P66

P68

P70

P72

P74

P76

大師讓我領悟的事 目錄

What I Learn From The Masters

希臘神話那些事　目錄

Greek Mythology

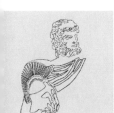

人生

讓我

領

悟

的事

在香港學畫，多半看過國畫大師 呂壽琨 的「禪畫」，他有「法於何之，法於何立，立於一畫，一畫者眾有之本」的說法。「一畫」就是一條線，它是世界萬有的最基本的單位，生出虛實、陰陽、剛柔、內外、上下、左右、順逆、往復等。初學乍聽，不知如何理解，但經過反覆試驗，發覺一條線，真的可以生出兩個面，觀眾看到有線的實，補原無線之虛，眼前只有六、七成，卻看出八、九成的輪廓。

我畫出了趣味，希望你也看得有趣。

雕刻生命

生命是雕刻出來的

上一代喜歡標榜捱苦，自稱一輩子吃了兩輩子的苦，指責年輕人逸樂。

年輕人無法理解，吃苦有什麼值得表揚？於是，寧願躺平。其實，生命本身就是水磨的工夫。

找到目標，一刀一鑿的雕刻出心目中的自己來，無論哪一代，都是一樣。

有夢想，誰捨得躺平？

#一筆畫完
#本來的用意好像是描述減肥的

17

僅存的美麗

白色長頸鹿

　　肯亞的白色長頸鹿，被稱為世上最美麗的動物，有一種夢幻飄渺的美態。可惜，在 2020 年，最後的一家三口也死了兩隻，牠們因盜獵者的貪婪而遭到無辜獵殺，剩下的那隻小長頸鹿從此踏上孤單的人生旅途。

　　美麗和完美的東西，本來就難以長久。所謂的文明，本身有把美好保存下來的責任，只可惜，剛剛相反，當我們起念去擁有這種美好，就反而扼殺了繼續欣賞的機會。

　　這種僅存的美麗，需要珍惜，不是佔有！

#希望一筆畫出寂寞的感覺

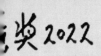

獎 2022

79

快樂人字拖

父親在網上看到這幅圖，和兒子說：「你看人家窮！」

兒子看了一眼，說：「你看人家笑得多開心！」

快樂其實是心態，不是物質。如果一隻人字拖可以帶來快樂，那又何必嫌棄？

#連人連景都係一筆過

黃奕2022

離別

黯然銷魂者，唯別而已矣！

誰能摹暫離之狀，寫永訣之情著乎？

網上看到這幅照片，不知道是什麼地方，但那種動物靈性，很觸動情感！

2022

黑豹

黃奬
2022

24

黑豹的求偶障礙

　　黑豹只佔豹類總數的 10%，遠低於正常花豹或美洲豹。為什麼呢？原來和溝通有關。

　　許多貓科動物的耳尖上，長了斑點，牠們靠耳尖的微動作來傳達訊息，黑豹就因為斑紋不明顯，同伴看不懂牠到底在說什麼，沒有溝通，就沒法求偶，於是繁殖不起來。

　　怪不得，大部分情侶分手的原因，都是「溝通唔到」！

若愚

黃燦棻
2022

大智若愚

喜歡看 Mr. Bean，一直在讚嘆，要有多大的智，才演得出幕前的愚？

大家有沒有留意，Mr. Bean 的演繹，他來演，歡笑不休；別人來演，就不是那回事了。

真正的聰明人，原來是這樣一回事！

#一筆深一筆淺

To act stupid, requires great wisdom.
Mr. Bean is the perfect example.

春捂秋凍

黄奨
2022

28

春捂秋凍

　　今年遇上「倒春寒」，踏入四月又忽然冷起來。想起一句老話「春捂秋凍，不生雜病」，春天要捂一捂棉衣，秋天也不要剛見冷就穿得太多。

　　四時變化，相對有跡可尋，也需要戒急。我記得有位廣告前輩告誡我，只要貼潮流就夠，不要追得太快，相信也是這個道理。

\#音無響子客串演出
\#一筆畫完

像極了愛情

黃奐
2022

和小狗相依

我不在家的時候，小狗只會無言地等待；一切的躁動和興奮，都由我回家的剎那間開始，像極了愛情。

#我的小狗叫彭彭
#頑皮的髮型襯深情的眼神

爸爸給孩子講灰姑娘的故事，孩子問：

「過了 12 點，魔法都消失了，為什麼玻璃鞋還在？」

爸爸說：

「人類為了愛情，可以容忍邏輯上的錯誤。」

#一筆畫完兩個人
#由王子額頭開始
#回到王子膊頭畫完

大師

讓我

領悟

的事

愛因斯坦非常崇拜差利卓別靈，對他說：「我相當欽佩你的藝術，你不發一語，但是全世界的人都懂你。」

差利卓別靈回答：「你的榮譽更偉大，全世界的人都不懂你，但他們還是敬佩你。」

這番對話很幽默，也做了一個示範，令我知道，每一個人都有自己應該走的道路，沒必要重複別人的方法。

我喜歡聽大師的說話，刺激自己的思考，我的領悟不一定和大師的原意相同，也許，有趣的地方，就在這種似與不似之間。

希治閣 不准劇透

1960 年的《Psycho》（中譯《觸目驚心》或《驚魂記》），是希治閣最具話題性的作品，亦是他晚期最成功的一部。不過，當他宣布要開拍這部小說的電影版的時候，電影公司拒絕支持，他老人家毅然按掉自己的大屋，自資製作，可見他的決心，不因當時的 60 歲高齡而稍有減退。

本片的製作預算很低，亦只用了電視劇的工作人員，能夠做到這個效果，絕對是一個境界！希老在拍攝本片的時候，為免觀眾預先知道結局，一口氣買下所有小說，保持神秘，只怕也花了不少成本。

所以，希老說：「懸念是保持觀眾注意力的最有效方法。」

#兩筆畫成的極簡畫

Stan Lee creates a lot of great comics, not only by imagination, but also through close observation of the market.

Stan Lee 看市場

　　Stan Lee 當然是大師，影響了幾代人的流行文化。他的成功，絕不是喊幾句「Excelsior」口號就可以達成的，他說過：「人人都有想法，最難是通過想法引起共鳴。」

　　如何做得到？我覺得，是他對市場的觸覺和前瞻性，我們來看看他在 60 年代的創作：

　　在登陸月球的年代，創造「神奇四俠」講太空探險。
　　在反核的情緒中，創造「Hulk」講加瑪射線。
　　在反對種族歧視時刻，創造「X-Men」描述種族矛盾。
　　在關注傷健人仕的風氣中，創造盲眼的「DareDevil」。

　　當然，還有不容忽視的「蜘蛛俠」、「鋼鐵人」、「Thor」等等！

#一筆主力畫人頭
#第二筆由面頰延伸畫手

39

MANHATTAN

Woody Allen 講故事

　　年輕時，看活地阿倫的電影，覺得很奇怪，一個糟老頭，對著鏡頭碎碎唸，投訴城市人的寂寞無奈，為什麼會那麼紅？（看《Manhattan》的時候，我只有十來歲，不太懂把不幸轉化為笑話的道理。）

　　一直到 2009 年的《Whatever Works》，三十年過去了，只是換了個糟老頭，來扮演活老本人，主題思想沒什麼改變，但意外地有趣。

　　原來，大家心目中的講故事法則，其實不一定是金科玉律，只會你捉緊自己的風格，又真係 whatever works！

#一筆搞掂
#由左耳畫到右耳

42

倪匡看年輕人

倪匡前輩是香港作家、編劇、評論家，與金庸、黃霑、蔡瀾並稱為「香港四大才子」。他的創作極為高產量，包括300多部小說、400多部電影劇本，憑他的代表作小說《衛斯理系列》，成為香港科幻小說第一人。

倪匡前輩說：「人類之所以會進步，是因為年輕一代不聽從上一代的說話。」或者，些許頑皮，是進步的動力。

黄奖
2022

Andy warhol

44

Andy Warhol 認膚淺

安迪沃荷是一個頗商業化的藝術家，擅長用知名人士或是商品（瑪麗蓮夢露、金寶番茄湯）作為主題，引起觀眾共鳴。

在普普藝術（Pop Art）興起的初期，由於他的商業化，遭受不少評擊，但他繼續我行我素，甚至自認膚淺（他用的形容詞是 superficial）。他曾經說：「如果你想了解安迪沃荷的一切，只需要看我的作品、影片和我的外表，這些就是全部，它背後什麼都沒有。」

話說回來，他的為人其實又頗高調，常以前衛大膽形象示人，所以，他又說：「不要愛出風頭，但要讓別人知道你的存在。」現在，相信大家都知道他的存在！

#這個髮型幫到手很容易畫

45

如戲

黃獎
2022

46

差利說人生如戲

差利卓別靈說：「人生近看是一齣悲劇，遠看是場喜劇。」

我覺得，只要不是一場鬧劇，嚐過歡聲，試過淚影，便不枉此生。

#一筆幾乎畫晒
#忍唔住補多一筆眼眉

"Life is a tragedy when seen in close-up, but a comedy in long-shot."

Charlie Chaplin

黄奖 2022

愛恩斯坦

愛恩斯坦說：「你若告訴我，有人從未失敗過，我就告訴你，那個人還不夠努力。」

失敗並不可怕，真正可怕的，是從不作出嘗試，結果虛度年華。

#一筆畫完

"Anyone who has never made a mistake has never tried anything new."

Albert Einstein

李小龍的目標

　　李小龍曾經說過：「人未必能夠達到目標，但有了目標，便有前進的方向。」

"A goal is not always meant to be reached, it often serves simply as something to aim at."

Bruce Lee

黃奘
2022

51

楚原

楚原毋負此生

電影大師楚原曾說：「當你回首往事時，不因碌碌無能而悔恨，不為虛度年華而羞恥，你便能驕傲地說，毋負此生。」

他執導超過一百部電影，我們來簡單地看看，他為香港文化留下了什麼經典：

50、60 年代：《可憐天下父母心》《含淚的玫瑰》《玉女添丁》《黑玫瑰》系列《大丈夫日記》系列《聰明太太笨丈夫》，這些經典，標誌了香港一個年代，也被後輩多次致敬，連翻拍的作品都一樣大受歡迎！

70、80 年代：《七十二家房客》（當時唯一票房贏了李小龍的作品）

《流星蝴蝶劍》《三少爺的劍》《多情劍客無情劍》等多部古龍作品，奠定了武俠文化在大銀幕上的地位！

回顧大師的成就，相信他「閒來輕笑兩三聲」的時候，應該是無憾的！

Vincent

梵高是否懷才不遇？

有一回，友人在爭辯世上有沒有懷才不遇的事，有人認為，所謂不遇，其實是沒有才；另一個卻不同意。

我說：「你們兩個都對，看梵高就知道了。」

甲看梵高，他身前潦倒，寂寂無名，當然是懷才不遇。

乙看梵高，他死後被發掘，作品驚天動地，他的才華始終遇到知音。

人生到了某階段，圖個「身後名」吧了。

#點估得到可以一筆畫完
#簡單得嚟又想有質感

55

Sigmund Freud

黄奨2022

看人生

作為心理學的一代宗師，佛洛伊德是怎樣看人生的呢？佛洛伊德曾經這樣說：「人生有兩大悲劇：一個是沒有得到你心愛的東西；另一個是得到了你心愛的東西。」

你會怎樣理解呢？佛家有「求不得苦」的說法，這麼說，求而有所得，不就應該快樂了嗎？有一個這樣的謎語：「有一種東西，你越去追求，就越是看得清楚；你一旦得到，就馬上看不見了。」

答案是「人生目標」！

我的理解，真正的快樂，只在接近成功的時候，才享受得到，一旦成功了，就失去了人生目標。

#一筆搞掂

達利的自負瘋狂

　　超現實主義大師 Salvador Dali 曾說：「聰明而沒有抱負，有如沒有翅膀的鳥。」是的他就是如此自負，跡近瘋狂。

　　但他又說：「瘋狂只存在於藝術，存在於科學則為假設，存在於現實則是悲劇。」很明顯，他充分利用瘋狂的特質，所以成功！

一筆畫達利
第二筆畫記憶的堅持

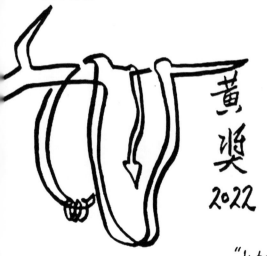

黃獎
2022

"Intelligence without ambition is a bird without wings."

Salvador Dali

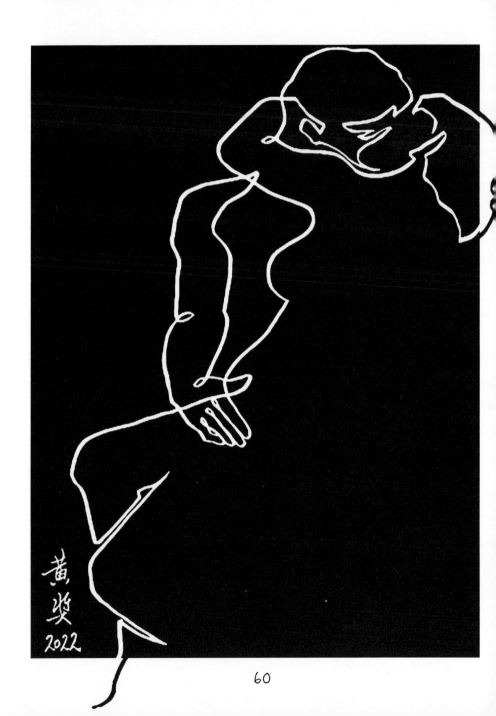

Rodin 的經典超越經典

羅丹：「所謂的大師，就是這樣的人，他們用自己的眼睛去看別人看過的東西，能夠發現出美來。」

他的作品《The Kiss》，當然是我們眼中的經典，有沒有人留意，擁吻中的兩位公主翁，究竟是何許人也。

原來，當時有一個經典故事，男主角 Paolo 有一個又跛又醜的哥哥，家族安排 Paola 代哥哥去相親，迎娶了女主角 Francesca 回來，新婚夜才知道新郎是醜男。後來有一天，Paolo 在山坡看書，Francesca 來和他一起看，情不自禁就吻起來了，哥哥大怒，就把兩人殺了。到了 16 世紀，但丁的《神曲》中，亦在地獄出現這兩個角色，可見當時，大家都知道他們的來歷。

1880 年之後，羅丹選擇了這個經典故事，放在他的作品中，時至今日，很多人已經忘記了故事的來源，專心欣賞這個作品，羅丹的《The Kiss》完全超越了本來的經典！

#一筆搞掂

横眉冷對千夫指

黃獎
2022

62

魯迅教寫作

魯迅曾經說：「寫完後至少看兩遍，竭力將可有可無的字、句、段刪去，毫不可惜。寧可將可作小說的材料縮成 Sketch，絕不將 Sketch 材料拉成小說。」

文字創作，我一向奉行這個宗旨。

這系列的「極簡畫」，也循這方向得到啟發。

我在想，人生日常，也應如此。

#第二筆只畫左眼
#第三筆膊頭
#有冇諗過魯迅講嘢會 bilingual

Mystery

Vagueness

Fantasy

Degas 送你三個字

印象派大師 Edgar Degas 說：「一幅畫需要些許神祕感，一點含糊不清，一些怪念頭。」

\# 主要是一筆
\# 加淺灰碎綠做裙的效果

"A Painting requires a little mystery, some vagueness, and some fantasy."

Edgar Degas

黄奖2022

粵劇大師薛覺先

對年輕一代來說，粵劇名伶薛覺先是比較陌生的，但他的創新精神，值得學習。先不說他的聲色藝，在 30 年代，引入西方樂器，不是容易；用粵劇來演時裝戲碼，也是別具特色。最厲害的一件事，是開始了男女同班。

原來，在 1933 年之前的香港，男女演員不准同臺演出，所以，戲班都是全男班或全女班的，直至 1933 年 10 月 25 日，香港政府正式改例，批准男女同臺演出，翌日，薛覺先領導的「覺先聲劇團」成為首個男女同班的劇團，在油麻地普慶戲院，演出時裝劇《白金龍》。

大家有興趣，可以上網看電影《新白金龍》的片段，中間一段，他大數有品味的牌子，鞋要著 Florsheim，衫要 Manhattan，車要 Lincoln 的確走在潮流尖端！

#一筆搞掂
#當時流行的小鬍子造型

海明威 的 婴兒鞋

黃奬
2022

68

海明威的嬰兒鞋

美國名作家 Ernest Hemingway 曾經發起過，寫六個字的超短篇小說，他最先寫了一個：「For sale：Baby Shoes，never worn.」以六個字，引起讀者的無限聯想，究竟嬰兒發生了什麼事？

這件事，令我醒悟，今時今日的讀者進步了，有豐富的想像力，作者不需要畫公仔畫出腸，反而應該留多些空間，讓讀者自行思考感受，更有餘韻。

循這思路，我開始創作這一輯「Keep It Simple」，用一至兩筆去畫一幅畫，希望大家喜歡。

#一筆搞掂
#把鬚子連上衣領

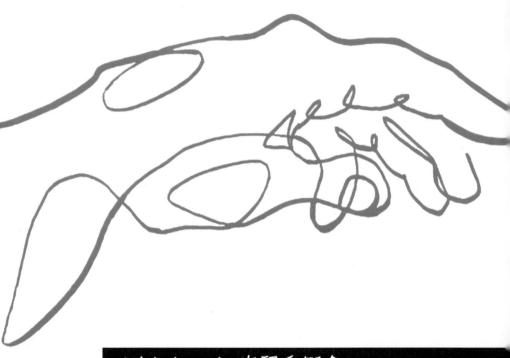

Michelangelo 的留白概念

　　米高安哲羅 在《創造亞當》這幅畫作時，做了一些情節改動。本來，上帝用泥土做了亞當的軀體，再吹氣，把生命的靈魂注入。在這幅畫中，他改為上帝通過指尖的觸碰，給予亞當生命。

黃獎2022

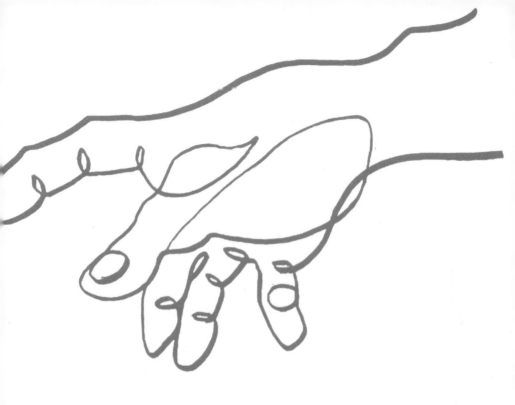

　　這個改變，畫面上更具體，更重要的，呈現了一個即將接觸的一剎那，令觀眾有無限的幻想空間。

　　中國水墨畫，常常有餘韻的概念，這道理，不論中外，其實是相通的。

#一筆一隻手
#重點是不要連起來

Steve Jobs 談成功

Steve Jobs 說：「成功的要素，就是愛你的工作。」

#先由拇指和下巴開始
#一筆兜幾個圈回來
#佢有招牌動作比較容易認

"The key to do great work is to love what you do."

Steve Jobs

山本耀司的「間」

　　時裝界的大師，我最崇拜日本的 Yohji Yamamoto。他只用黑色和簡單線條，就創作出不一樣的個人風格！在 1989 年，我在理工學院的畢業功課，就是用他的風格來延伸發展床單款式，我記得，當時的成績是不錯的。

　　大師有這樣的學問：「空氣在身體與衣服之間微妙地流動，有間。就像字裡行間的『間』字，間這種美，是我引至為傲的美學。」我想，留一些空間，留一點餘韻，是不同大師的共同看法。

#一筆搞掂
#Yohji 喜歡拍憂鬱照片
#很少這種看著鏡頭笑的造型

"Air movement exists in the space between clothes and body. This space, is the beauty that makes me proud."

Yoji Yamamoto

黄獎 2022

簡約達文西

　　達文西的名句「Simplicity is the ultimate Sophistication」，一般翻譯為「簡單是終極的複雜」，我不懂意大利話，不知道原文，但純粹看英文，相信他指的是「精緻」，而不純粹是「複雜」。

　　如果由我來翻譯，我會將道家的「大道至簡」和「大巧若拙」結合，是為「大巧至簡」。今次一筆畫出DaVinci的畫像，希望風格清晰；又畫他的其他作品，也是一筆完成，希望成為這個系列的代表作。

#達文西的大鬍子很考心思
#將他的鬍子圖案化
#不是符號化沒有密碼

"Simplicity is the ultimate sophistication."

Leonardo Da Vinci

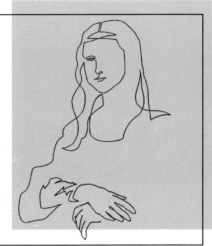

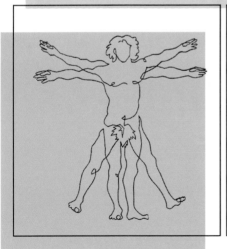

Simplicity is the Ultimate Sophistication

— Leonardo da Vinci

柯德利夏萍

　　柯德莉夏萍說：「想要漂亮的眼睛，就多看別人的好；想要美麗的唇，就多說讚美別人的話；想要優雅的舉止，記住你永遠都不是孤單一人。」

　　聽這來，這話有點行貨，但我們看她的演出：

　　在《羅馬假期》演公主就淘氣搗蛋；

　　在《珠光寶氣》演妓女就高貴典雅；

　　在《窈窕淑女》演氣質可以育成；

　　在《龍鳳配》演大叔控一樣靈氣迫人！

　　也許，多留意別人的好，活出不同的層次。

WONGTON 2022

80

葛飾北齋

　　葛飾北齋 於88歲那年離世，當時，他已經創作了三萬件作品。臨終前，他感嘆道：「如果上天多給我十年……再多五年也好，我便能成為真正的畫家了。」他真心熱愛他的創作，無論畫多少都不夠！

　　葛飾北齋 這一幅《神奈川衝浪裏》，不僅標誌了 浮世繪 的巔峯，也影響了整個世界的藝術理解！

馬格列特的《人子》

比利時 超現實主義大師 Rene Magritte, 在 1964 年畫了這幅《人子》, 一個蘋果遮蔽了男人的面孔, 在看得見與看不透之間, 引發思維。留心看, 會看見蘋果旁邊的眼角, 似乎在窺探一些什麼。當然, 在那個年頭, 畫家應該不知道, 多年後的今日, 我們真的是通過蘋果來觀察這個世界。

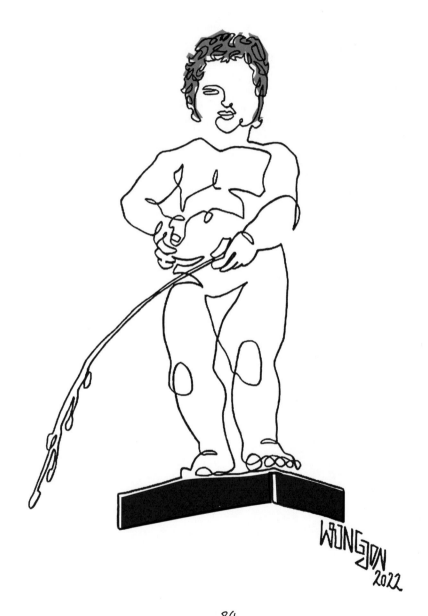

84

比利時小童像

　　這個 le Petit Julien 銅像，是比利時首都布魯塞爾的市標。銅像有 4 百年歷史，相傳，有一個叫 Julien 的男童半夜起來，看到鄰居的房子伸出一條燃燒中的引信（另一說是遇到法軍正要以火藥炸城），小孩找不到水源撲滅，緊急關頭，用尿把引信淋熄，解救危難，所以打造了這銅像來紀念。

孔子

孔子立志辦教育，但他也不是一開始就成功的，他年輕的時候，做過貨倉，也管過牧場。對於這兩份工作，他的形容是「會計，當而已矣；牛羊，壯而已矣。」以現代人的說法，就是剛剛好完成工作，沒有花費額外的精力。

這時期，他的心思其實是為了真正的夢想而鋪路。

秦始皇

一般人認識秦始皇，注意力都集中在他統一六國，結束戰國時代的功業。其實，對於民生的裨益，他推行的「書同文，車同軌」，效果更大。他把文字、交通、貨幣、度量衡都統一了，各地的人民有了溝通交流與經商的基礎，國力才會強盛起來。

唐玄奘

　　我們對唐三藏的理解，一般來講，都認為他只是孫悟空要保護的對象。歷史中，當然沒有孫悟空，那麼，他是怎樣去取西經的呢？這路上雖然沒有妖怪，但也是一樣的凶險，他憑藉個人的決心，去學懂天竺語言，學懂佛學的精要，然後回來傳授給中土百姓，那種毅力，的確不是今日的留學生可以想像的。

蘇東坡

　　蘇東坡是有名的文壇怪傑，玩盡不同的文字遊戲，而且，很可能是最懂飲食文化的文學家。先不說他的「東坡肉」，他寫下的名句「人間有味是清歡」，好味道來自閒適的心情，一語道破享受人生的真諦！

希臘神話

讓我領悟的事

小時候，喜歡讀《西遊記》，因為孫悟空愛搗蛋，比較像一個人。滿天神佛都不吃人間煙火，看不出有什麼趣味。

　　中學時期，開始接觸希臘神話，頓時有眼界大開的感覺，諸神雖然有超能力，但全部都有凡人的煩惱，沒有誰可以擺脫愛恨情仇的煎熬。坦白說，這些故事的娛樂性豐富，引人入勝，但很少人領悟得到，能力再大的人，同樣無法擺脫「求不得」的痛苦。離苦得樂，完全是另一門學問！

諸神之王宙斯

宙斯是諸神之王，大家只留意他的風流韻事，很多時，忽略了他的悲慘出身。

他是泰坦巨神 Kronos 的兒子，Kronos 自己是推翻父神，而成為王者的，擔心自己會重複老爸的命運，所以，每生下一個子女，他都會馬上把嬰兒吃掉。輪到宙斯的時候，他的媽媽忍不住 Kronos 的暴行，用石頭代替，然後偷偷把宙斯養大。

宙斯長大後，決心救出自己的兄弟姐妹。他先是引誘老爸 Kronos 服下了嘔吐藥，令 Kronos 把肚子裏面的子女們都吐了出來。然後，合力打造三神器：Zeus 的雷電、Poseidon 的戟、Hades 的隱身頭盔。最後，合力把 Kronos 推翻，成立了後來希臘 12 主神的神族政權。

98

太陽神 阿波羅

　　太陽神 Apollo 在希臘 12 主神中，排名第 6，是宙斯和暗夜女神 Leto 的兒子，月亮女神 Artemis 的孿生哥哥。他英俊，有才華，音樂與箭法都是舉世無雙，堪稱完美的化身。

　　不過，千萬不要挑戰他自豪的才能。山林小仙 Marsyas 得到 雅典娜（Athena）的笛子，自詡音樂天下第一，Apollo 和他比賽，初時分不了勝負。後來，Apollo 把豎琴倒過來演奏，〞小仙的笛子無法倒過來吹，只能認輸，結果被罰剝皮處死。

神后 希拉

Hera 是宙斯的第三任妻子，掌管人間婚姻和生育，被視為婦女的庇護者。

很多關於希拉的故事，都是因為 宙斯 出軌而發生的，所以，大家心目中，只覺得她是一個善妒的妻子，而忽略了她和 宙斯 共同掌管著農業豐收、戰爭勝利，為人民帶來福祉。

希拉是一夫一妻制的捍衛者，對於宙斯的情人和私生子，作出各種迫害，即使是阿波羅的母親 Leto，也不放過，有人變成半人半蛇的怪物，有人變成大熊星座，有許多故事發生，令希臘神話更加豐富。

海神 波賽冬

　　Poseidon 是宙斯的哥哥，掌管海洋和湖泊河流，與宙斯、黑帝斯合稱希臘神話三大神。他手上的「波賽冬三叉戟」威力無窮，可以引發海嘯和地震，也可以在陸地上開鑿河流，為善為惡，全在他一念之間。

　　他也被視為馬匹之神，為什麼呢？原來有一次，他和智慧女神 雅典娜爭奪一個城市的命名權，各顯神通，波塞冬三叉戟一揮，海面上躍出了馬匹來；雅典娜將長矛插在大地，橄欖樹就在那裏長出來了。最後怎樣分出勝負？眾神認為，馬匹會拉戰車，帶來戰爭；橄欖樹有可觀的農業價值，象徵和平，所以，雅典娜以多數票勝出，而那個城市就是希臘的首都雅典。

104

女戰神 雅典娜

Athena 的出生，注定了她和智慧有關。

Zeus 的前妻，聰慧女神墨提絲 (Metis) 曾預言，她將會生下一個「比宙斯更偉大的神祇」，宙斯擔心這是命運的循環，便將墨提絲吞入肚中。被吞後的墨提斯，遊走到宙斯腦袋之中，不斷打鐵來為女兒做盔甲，令宙斯痛苦不已，只好把火神赫菲斯托斯召來，劈開祂的頭顱止痛，這時，身穿甲胄的 Athena，就從他的頭中跳出來。Athena 承繼了母親的智慧和父親的戰力，是眾神之中，唯一不受宙斯控制的女戰神。

月亮女神阿提米斯

　　Artemis 是月神，亦是狩獵之神（即是羅馬的 Diana），經常手持弓箭，以牝鹿為聖獸。她是 Apollo 的孿生姐姐，小時候，兩姊弟感情很好，一起保護母親 Leto。

　　長大後，兩人卻交惡了，發生了什麼事？原來，Artemis 遇上了一個年輕巨人俄里翁，俄里翁長得英俊，又擅長打獵，兩人有共同興趣，情投意合。Apollo 擔心姐姐保不住貞操，就假意邀請 Artemis 比賽箭法，設計令 Artemis 的箭射中俄里翁。Artemis 親手殺了自己的愛人，悲痛欲絕，從此便再也不與 Apollo 見面，不論 Apollo 怎樣和她道歉，她總是在他到達的前一刻離開，這就是希臘神話傳說中，太陽和月亮不會一同在天空中的原因。

黃獎
2022

愛神阿芙蘿黛蒂

　　Aphrodite其實是宙斯出生之前的神祇，宙斯的老爸Kronos推翻了爺爺Uranus（天王星），把Uranus的陽具割了下來，拋在海中，這個過程產生了珍珠似的泡沫，而Aphrodite就在泡沫之中誕生出來。所以，嚴格來說，她應該算是Uranus的女兒，宙斯的姑姐。Aphrodite的羅馬名字是Venus，這一幅《維納斯的誕生》就是紀錄這一幕的過程。

WONG JON 2022

109

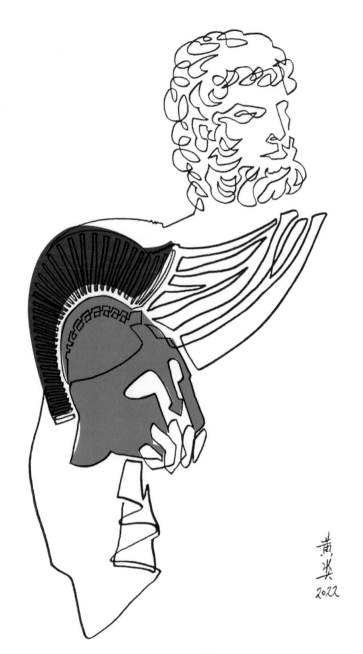

戰神阿瑞斯

Ares 是宙斯和希拉的兒子，掌管戰爭。

他天生好戰，參與過大大小小的戰役，打得仗多，自然有輸有贏，不過，差不多出名的戰事，他都是打輸的。

他在神話中活躍，除了打仗之外，就是他戀上有夫之婦，愛神 Aphrodite。愛神本身是火神的妻子，但喜歡戰神英偉，所以這段姦情持續了頗長時間，甚至為戰神生下兒子。戰神打仗，經常帶在身旁的助手 Phobos（恐懼）和 Deimos（恐怖），就是愛神為他生的孿生兒子。在戰場上，Ares 令自己的軍隊充滿勇氣，這對兒子則擅長令敵人心生恐懼。

112

愛神阿芙蘿黛蒂

宙斯也想追求 Aphrodite，但被她公然拒絕，為了報復，就迫她跟瘸腿醜陋的火神赫菲斯托斯結婚。對於這一段婚姻，她當然不滿意了，故此亦多次鬧婚外情。

Aphrodite 沒有戰鬥力，但有無比的美貌，究竟有多美？當時，有一個嘲諷之神摩墨斯，要來考核愛神的顏值，經過了數日的訪談觀察，最後發現愛神唯一的缺點，就是走路的聲音不太好。當然，大家都不認為這是一個缺陷，結果，嘲諷之神因為找不到任何缺點，氣極而死，以身殉職。

有一句名言：「男性用權力能夠得到的東西，女性用美貌都可以得到。」愛神在希臘神話中的地位，舉足輕重，生出無數故事。

火神赫菲斯托斯

Hephaestus 是火神，也是鐵匠神，他是宙斯和希拉的兒子，愛神的丈夫。他系出名門，又是諸神的工匠，許多著名的武器，例如宙斯的神盾、Eros 的金箭鉛箭等，都是他鑄煉的。照道理，他應該大受歡迎，只可惜，他天生醜陋，又瘸了一腿，所以，小時候被父母嫌棄，給拋到海裏，後來才回到奧林匹克山。

他既然貌醜，娶第一女人愛神 Aphrodite 為妻，就不一定是好事。愛神有許多婚外情，最出名的，是和戰神 Ares 的一段。不過，赫菲斯托斯是巧手匠神嘛，他就在妻子的床上設下機關，用一張神網將裸體的二人逮個正著，再大聲叫嚷，吸引諸神來見證他的委屈。

結果，所有男神都來看熱鬧，大家看到這個情景，一時不知反應，荷米斯（Hermes）卻說出大家的心聲：「我願意用腦袋擔保，假如能和美麗的愛神綑在一起，無論如何，我也心甘情願。」眾神哄堂大笑，火神是氣壞了，但也無可奈何，唯有把兩人放走。

116

神之使者 荷米斯

　　Hermes 是宙斯與星星女神 Maia 的兒子，位列十二主神之一，亦是宙斯的使者。宙斯送了一頂生有翅膀的帽子，和一雙帶翼的鞋子給他，令他行走如飛，是希臘神話中的神速者。

　　他是商業與發明之神，亦守護旅者、牧羊人、詩與文字、體育項目、演說家和辯論員、小偷和騙子，牽涉的範圍既多且雜。

　　為什麼他是小偷之神？原來，他出生不足一天，就有了「偷走阿波羅五十頭牛」的驚人業績。他把牛烤來吃了之後，馬上毀掉一切痕跡，變回一個天真無辜的嬰兒模樣，當阿波羅追蹤到來的時候，Hermes 辯解說：自己只是一個嬰兒，連牛是什麼模樣也未見過。

作者：黃獎

美術設計：Fai

出　　版：今日出版有限公司
地　　址：香港 柴灣 康民街 2 號 康民工業中心 1408 室
電　　話：(852) 3105 0332
電　　郵：info@todaypublications.com.hk
網　　址：www.todaypublications.com.hk
Facebook 關鍵字：Today Publications 今日出版

印　　刷：大一數碼印刷有限公司
電　　郵：sales@elite.com.hk
網　　址：www.elite.com.hk

圖書分類：繪本 / 勵志
初版日期：2022 年 10 月
定　　價：港幣 160 元
I S B N：978-988-75867-4-6